TEXTES ET PHOTOS DE JEAN ÉTIENNE

LA CUISINE DU MARCHÉ

50 RECETTES

MANGO

SOMMAIRE

FLANS DE LÉGUMES PRIMEURS

Préparation : 10 min / **Cuisson :** 40 min

Pour 4 personnes : • 4 carottes nouvelles • 200 g de petits pois frais écossés • 2 oignons nouveaux • 4 œufs • 400 g de crème fraîche entière • Noix de muscade • Sel, poivre du moulin

- Faites cuire les petits pois 20 minutes dans une casserole d'eau bouillante salée.
- Pendant ce temps, pelez et hachez les oignons.
- Épluchez les carottes et coupez-les en petits dés. Faites-les cuire 5 minutes à l'eau bouillante salée.
- Préchauffez le four à 180 °C (th. 6).
- Battez les œufs dans un saladier puis incorporez la crème fraîche. Salez, poivrez et râpez un peu de noix de muscade.
- Égouttez les petits pois et les carottes.
- Dans des ramequins allant au four, répartissez les petits pois, les carottes et les oignons puis versez par-dessus l'appareil à flan.
- Enfournez les ramequins 20 à 25 minutes en surveillant la fin de cuisson : les flans ne doivent pas trop dorer.

ASTUCE

VOUS POUVEZ AJOUTER QUELQUES SOMMITÉS DE BROCOLIS PRÉCUITS ET DES PETITS LARDONS DÉGRAISSÉS.

LÉGUMES SAUTÉS AU CITRON

Préparation : 25 min / **Cuisson :** 15 min

Pour 4 personnes : • 400 g de haricots verts • 400 g de petits pois écossés • 400 g de carottes • 1 courgette • 1 citron non traité • 1 bouquet de coriandre • 1 cuillerée à café de gingembre en poudre • 1 cuillerée à soupe de sauce soja • 1 cuillerée à soupe d'huile d'olive • Poivre du moulin

- Équeutez les haricots verts et coupez-les en deux. Pelez les carottes et taillez-les en bâtonnets. Lavez la courgette et coupez-la en julienne.
- Faites précuire les haricots verts, les carottes et les petits pois (gardez la julienne de courgette crue) 8 minutes dans une casserole d'eau bouillante salée. Égouttez-les.
- Lavez et hachez grossièrement la coriandre.
- Coupez le citron en deux, émincez finement une moitié avec la peau et pressez l'autre moitié.
- Dans un wok ou une sauteuse, faites sauter tous les légumes avec l'huile d'olive 3 à 4 minutes en remuant sans cesse. Ajoutez la sauce soja, le citron émincé, le jus, le gingembre et du poivre. Mélangez et servez bien chaud.

BOCAL D'ARTICHAUTS POIVRADE

Préparation : 15 min / **Cuisson :** 15 min / **Réfrigération :** 2 jours

Pour 1 bocal : • 8 à 12 artichauts poivrade • 1 bouquet garni • 20 cl d'huile d'olive • 1 cuillerée à café de sel • 1 grosse cuillerée à café de poivre en grains

- Lavez et épluchez les artichauts à cru en ne gardant que les cœurs avec un petit morceau de tige.
- Placez les cœurs d'artichaut dans le panier d'un cuit-vapeur et faites-les cuire 15 minutes.
- Versez l'huile d'olive dans un bocal muni d'un couvercle. Déposez les cœurs d'artichaut encore chauds, ajoutez le bouquet garni, le sel et le poivre. Fermez le bocal et placez-le pendant 2 jours au réfrigérateur.

ASTUCE

VOUS POUVEZ GARDER CETTE PRÉPARATION AU FRAIS PENDANT 15 JOURS : DÉGUSTEZ LES ARTICHAUTS À L'APÉRITIF OU INCORPOREZ-LES À UNE SALADE COMPOSÉE.

COCOTTE DE LÉGUMES D'ÉTÉ

Préparation : 20 min / **Cuisson :** 30 min

Pour 4 personnes : • 300 g de petits pois frais écossés • 1 aubergine • 2 courgettes • 1 poivron jaune • 3 tomates • 1 oignon rouge • 2 gousses d'ail • Huile d'olive • Sel, poivre du moulin

- Faites cuire les petits pois 10 minutes dans une casserole d'eau bouillante salée.
- Pendant ce temps, lavez les légumes et coupez-les en petits dés.
- Pelez et émincez l'oignon et l'ail.
- Dans une cocotte, faites chauffer 1 cuillerée à soupe d'huile d'olive puis faites revenir l'oignon et l'ail 3 minutes à feu moyen.
- Versez 2 cuillerées à soupe d'huile d'olive dans la cocotte et faites colorer les dés d'aubergine 3 à 4 minutes. Ajoutez à nouveau 1 cuillerée à soupe d'huile si nécessaire et faites revenir les dés de poivron, courgette et tomate. Salez et poivrez. Mélangez délicatement et couvrez la cocotte. Laissez cuire 30 minutes à feu doux en incorporant les petits pois 5 minutes avant la fin.

PETITS NAVETS GLACÉS AU MIEL

Préparation : 15 min / **Cuisson :** 25 min

Pour 4 personnes : • 600 g de navets • 2 cuillerées à soupe de miel • 50 g de beurre • Sel, poivre du moulin

- Épluchez les navets et coupez-les en quatre en leur donnant une forme de navette. Blanchissez-les dans une casserole d'eau bouillante salée pendant 10 à 12 minutes. Égouttez-les.
- Faites fondre le beurre dans une casserole à fond épais. Ajoutez 1 verre d'eau, le miel, du sel et du poivre.
- Déposez les navets dans la casserole et laissez cuire 15 minutes à feu doux en les remuant régulièrement pour qu'ils glacent dans le mélange en réduction.

ASTUCE

VOUS POUVEZ PARFUMER LES NAVETS EN AJOUTANT UN PEU DE THYM OU DE ROMARIN À LA CUISSON.

COCOTTES DE LÉGUMES TANDOORI

Préparation : 15 min / **Cuisson** : 25 min

Pour 4 personnes : • 3 carottes • 2 grosses pommes de terre • 2 poireaux • ¼ de bulbe de céleri-rave • 1 gousse d'ail • 1 cuillerée à soupe d'épices à tandoori • 3 cuillerées à soupe de crème fraîche épaisse • Sel, poivre du moulin

- Préchauffez le four à 220 °C (th. 7-8).
- Épluchez les légumes. Coupez les carottes, les pommes de terre et les poireaux en rondelles. Taillez le céleri-rave en gros cubes. Pelez la gousse d'ail et coupez-la en quatre.
- Faites cuire tous les légumes avec l'ail dans un faitout d'eau bouillante salée pendant 10 minutes. Prolongez la cuisson 5 minutes pour les pommes de terre. Égouttez les légumes puis répartissez-les dans des cocottes individuelles.
- Dans un bol, mélangez la crème fraîche et les épices ; salez et poivrez.
- Versez la crème aux épices sur les légumes. Enfournez 10 minutes. Servez sans attendre.

CAVIAR D'AUBERGINE AUX ÉPICES MAROCAINES

Préparation : 10 min / **Cuisson** : 30 min

Pour 8 verrines : • 1 aubergine • 1 cuillerée à soupe de fromage blanc • 1 cuillerée à café de cumin moulu • 1 cuillerée à café de ras-el-hanout • 1 cuillerée à soupe d'huile d'olive • Sel, poivre du moulin

- Préchauffez le four à 150 °C (th. 5).
- Lavez l'aubergine et déposez-la entière sur la grille du four. Enfournez-la pendant 30 minutes.
- Coupez l'aubergine en deux et récupérez la chair à l'aide d'une cuillère. Mixez-la grossièrement avec l'huile d'olive, le fromage blanc et les épices. Salez et poivrez.
- Répartissez le caviar d'aubergine dans des verrines et réservez au frais jusqu'au moment de servir. Dégustez à l'apéritif.

SALADE D'ENDIVES AUX CHIPS DE POMME

Préparation : 15 min / **Cuisson** : 30 min

Pour 6 personnes : • 8 endives • 2 pommes • ½ gousse d'ail • 100 g de raisins secs • 80 g de cerneaux de noix • 1 cuillerée à soupe de moutarde • 3 cuillerées à soupe d'huile d'olive • 2 cuillerées à soupe de vinaigre balsamique • Sel, poivre du moulin

- Préchauffez le four à 100 °C (th. 3-4).
- Faites tremper les raisins secs dans un bol d'eau tiède.
- Rincez et essuyez les endives. Supprimez le cône amer à la base et émincez-les grossièrement.
- Épluchez les pommes, épépinez-les avec un vide-pomme et coupez-les en tranches fines.
- Disposez les tranches de pomme sur une plaque de cuisson recouverte de papier sulfurisé. Enfournez 30 minutes.
- Pendant ce temps, pelez et hachez l'ail. Préparez la vinaigrette dans un bol en émulsionnant l'huile avec le vinaigre, la moutarde et l'ail. Salez et poivrez.
- Dans un saladier, mélangez les endives, les raisins égouttés et les noix. Ajoutez les chips de pomme puis arrosez de vinaigrette. Réservez au frais.

RISOTTO AUX ASPERGES ET COURGETTES

Préparation : 25 min / **Cuisson :** 30 min

Pour 4 personnes : • 300 g de riz à risotto • 150 g d'asperges vertes • 1 petite courgette • 1 gousse d'ail • 3 branches de thym • ½ cube de bouillon de volaille • 2 cuillerées à soupe de crème liquide • 10 cl de vin blanc sec • 1 cuillerée à soupe d'huile d'olive • Sel, poivre du moulin

- Épluchez les asperges et faites-les cuire 10 minutes à la vapeur.
- Lavez la courgette et débitez-la en petits dés. Déposez-les dans un bol, recouvrez de film alimentaire et faites-les précuire 3 minutes au four micro-ondes. Réservez.
- Délayez le bouillon de volaille dans 25 cl d'eau bouillante.
- Pelez et hachez l'ail. Dans une sauteuse, faites revenir le riz et l'ail 1 minute avec l'huile d'olive.
- Versez le vin blanc sur le riz et faites cuire en remuant jusqu'à ce qu'il soit évaporé. Ajoutez 1 louche de bouillon chaud et remuez jusqu'à absorption avant d'en rajouter. Poursuivez la cuisson à feu doux en versant le bouillon

louche après louche (comptez 20 à 25 minutes de cuisson). Salez, poivrez et parsemez de thym effeuillé.

- Incorporez au riz cuit les courgettes et les asperges coupées en petits tronçons. Réchauffez le tout quelques minutes.
- Hors du feu, versez la crème et rectifiez l'assaisonnement. Servez sans attendre.

TOMATES FARCIES

Préparation : 20 min / **Cuisson :** 1 h à 1 h 10

Pour 4 personnes : • 8 tomates cœur de bœuf • Beurre • Sel, poivre du moulin

Pour la farce • 300 g de viande de bœuf hachée • 2 tranches de jambon blanc • 200 g de chair à saucisse • 3 gousses d'ail hachées • 1 œuf • 2 tranches de pain de mie • 1 bouquet de persil plat haché • 2 cuillerées à soupe d'huile d'olive

- Préchauffez le four à 180 °C (th. 6).
- Lavez les tomates et coupez un chapeau. Évidez délicatement la chair et détaillez-la en petits dés. Égouttez-les dans une passoire, saupoudrés d'un peu de sel.
- Ôtez le gras du jambon et coupez les tranches en petits dés.
- Prélevez la mie du pain et coupez-la en petits morceaux.
- Dans un saladier, mélangez les ingrédients de la farce et les dés de tomate. Salez et poivrez.
- Garnissez l'intérieur des tomates avec cette farce puis recouvrez avec les chapeaux.
- Placez les tomates farcies dans un plat allant au four, bien serrées les unes contre les autres. Ajoutez 1 noix de beurre sur chaque chapeau et versez 1 verre d'eau dans le plat. Enfournez et laissez cuire 30 minutes puis baissez à 160 °C (th. 5-6) et continuez la cuisson 30 à 40 minutes.

ARTICHAUTS FARCIS À LA PROVENÇALE

Préparation : 25 min / **Cuisson :** 40 min

Pour 6 personnes : • 6 artichauts • 2 tomates • 600 g de chair à saucisse • 100 g de mozzarella • 1 petit bouquet de basilic • 1 gousse d'ail • 1 œuf • 50 g de parmesan râpé • 1 cuillerée à soupe d'herbes de Provence • Le jus de 1 citron • Sel, poivre du moulin

- Lavez les artichauts et supprimez les feuilles les plus coriaces.
- Faites cuire les artichauts 20 minutes dans un grand volume d'eau bouillante citronnée et salée. Égouttez-les et recoupez le haut des feuilles.
- À l'aide d'un couteau, creusez les artichauts en supprimant le centre et le foin sans abîmer le cœur. Déposez-les dans un plat allant au four.
- Lavez les tomates et coupez-les en petits dés. Détaillez la mozzarella en dés. Pelez et hachez l'ail. Hachez le basilic.
- Préchauffez le four à 200 °C (th. 6-7).
- Dans un saladier, mélangez la chair à saucisse avec les tomates, la mozzarella et le parmesan.

Ajoutez les herbes de Provence, l'œuf, le basilic et l'ail ; salez et poivrez.

- Garnissez le centre des artichauts avec la farce. Enfournez pendant 20 à 25 minutes.
- Servez les artichauts farcis bien chauds accompagnés de riz basmati.

PETITS POIVRONS FARCIS

Préparation : 15 min / **Cuisson** : 35 min

Pour 4 personnes : • 4 poivrons **Pour la farce** • 400 g de chair à saucisse • 4 cuillerées à soupe de sauce tomate au basilic • 2 grosses cuillerées à soupe d'amandes effilées • 1 cuillerée à soupe d'herbes de Provence • 1 pincée de piment d'Espelette • 5 cl de pastis • Sel, poivre du moulin

- Préchauffez le four à 180 °C (th. 6).
- Coupez les poivrons en deux puis supprimez les pépins et les membranes blanches. Déposez-les dans un plat allant au four.
- Préparez la farce : dans un saladier, mélangez la chair à saucisse avec le reste des ingrédients.
- Garnissez de farce l'intérieur des demi-poivrons. Enfournez et laissez cuire 35 minutes.

ASTUCE

FARCISSEZ DE LA MÊME MANIÈRE DES COURGETTES COUPÉES DANS LA LONGUEUR ET ÉVIDÉES.

FLANS DE COURGETTES

Préparation : 15 min / **Cuisson :** 25 à 30 min

Pour 4 personnes : • 800 g de courgettes • 3 œufs • 1 gousse d'ail • 1 bouquet de coriandre • 20 cl de crème liquide • Sel, poivre du moulin

- Lavez les courgettes et coupez-les en petits dés. Faites-les cuire 5 minutes dans une casserole d'eau bouillante salée. Égouttez-les.
- Lavez et effeuillez la coriandre. Pelez et dégermez la gousse d'ail.
- Mixez les courgettes avec la crème liquide, la coriandre et l'ail. Salez et poivrez.
- Dans un bol, battez les œufs puis incorporez-les au mélange de courgettes.
- Répartissez la préparation dans des petits moules en silicone ou des ramequins. Enfournez 20 à 25 minutes en surveillant la fin de cuisson à l'aide de la pointe d'un couteau : les flans ne doivent pas trop dorer.

COCOTTE DE LÉGUMES AU LARD

Préparation : 25 min / **Cuisson :** 40 min

Pour 6 personnes : • 3 poireaux • 6 carottes • 2 grosses pommes de terre • 3 navets • 200 g de citrouille • 200 g de lard • 1 oignon • 1 gousse d'ail • 2 branches de thym • 2 branches de romarin • 1 feuille de laurier • 1 clou de girofle • 1 cube de bouillon de légumes • 1 cuillerée à soupe d'huile d'olive • Poivre du moulin

- Épluchez et lavez les légumes puis coupez-les en tronçons ou en gros dés.
- Pelez et émincez l'ail et l'oignon. Coupez le lard en petits dés.
- Dans une cocotte, faites revenir l'oignon, l'ail et le lard avec l'huile d'olive 3 à 4 minutes à feu moyen.
- Déposez tous les légumes dans la cocotte. Couvrez d'eau et ajoutez le cube de bouillon, du poivre, le thym, le romarin, le laurier et le clou de girofle. Fermez la cocotte et laissez cuire 40 minutes. Servez bien chaud.

ASTUCE

VOUS POUVEZ REMPLACER LE LARD PAR UN POISSON FUMÉ COMME DU HADDOCK OU DES HARENGS COUPÉS EN MORCEAUX.

TARTE AUX OIGNONS

Préparation : 25 min / **Cuisson** : 25 min

Pour 6 personnes : • 1 pâte à pizza prête à l'emploi • 1 kg d'oignons • 200 g de gésiers de canard confits • 20 cl de crème liquide entière • 2 ou 3 cuillerées à soupe d'huile d'olive • Sel, poivre du moulin

- Préchauffez le four à 200 °C (th. 6-7).
- Épluchez et émincez finement les oignons. Faites-les fondre dans une poêle avec l'huile d'olive 15 minutes environ à feu doux jusqu'à ce qu'ils blondissent. Salez et poivrez. Déposez-les dans un saladier et laissez refroidir.
- Émincez les gésiers en petits morceaux et faites-les revenir 5 minutes dans la poêle sans matière grasse.
- Étalez la pâte à pizza sur une plaque de four recouverte de papier sulfurisé. Répartissez les oignons et les gésiers sur la pâte puis arrosez avec la moitié de la crème. Enfournez pendant 20 minutes.
- Versez le reste de crème sur la tarte et enfournez à nouveau 5 minutes. Servez bien chaud, accompagné d'une salade verte.

POULET THAÏ À LA CITRONNELLE

Préparation : 10 min / **Cuisson :** 10 min

Pour 4 personnes : • 4 filets de poulet • 5 brins de coriandre • 3 tiges de citronnelle • 1 oignon blanc ou 3 oignons nouveaux • 1 gousse d'ail • 2 cuillerées à soupe de sauce soja • 2 cuillerées à soupe d'huile de tournesol • Sel, poivre du moulin

- Coupez le poulet en cubes.
- Pelez et émincez l'oignon. Épluchez l'ail et coupez-le en petits dés. Lavez et ciselez la coriandre.
- Supprimez les feuilles extérieures de la citronnelle et ne conservez que 6 à 7 cm à partir de la base. Hachez finement le cœur.
- Dans une sauteuse, faites suer l'oignon avec l'huile 3 minutes à feu moyen. Ajoutez le poulet, salez, poivrez et faites-le revenir 3 à 4 minutes à feu moyen.
- Déposez l'ail, la citronnelle et la coriandre dans la sauteuse, puis ajoutez la sauce soja et 10 cl d'eau. Laissez réduire 4 à 5 minutes à feu doux. Dégustez bien chaud.

ASTUCE

SERVEZ CE PLAT AVEC UN RIZ THAÏ TRADITIONNEL OU DES LÉGUMES SAUTÉS AU WOK.

BLANQUETTE DE POULET

Préparation : 20 min / **Cuisson :** 1 h

Pour 6 personnes : • 1,2 kg de blancs de poulet • 250 g de champignons de Paris • 2 carottes • 2 gousses d'ail • 1 feuille de laurier • 1 clou de girofle • Le jus de ½ citron • 2 cuillerées à soupe d'huile d'olive • Gros sel • 1 cuillerée à café de poivre noir en grains **Pour la sauce** • 2 cuillerées à soupe de farine • 25 cl de crème fraîche épaisse • 1 jaune d'œuf • 50 g de beurre • Le jus de 1 citron

- Coupez les blancs de poulet en morceaux. Épluchez les carottes et coupez-les en rondelles. Pelez l'ail.
- Dans une sauteuse, faites rissoler les morceaux de poulet avec l'huile d'olive 3 minutes à feu vif. Ajoutez le laurier, l'ail, le clou de girofle et les grains de poivre. Couvrez d'eau froide et portez à ébullition. Réduisez ensuite le feu, ajoutez les carottes et 1 cuillerée à café de gros sel. Laissez cuire 15 minutes.
- Pendant ce temps, nettoyez les champignons (ôtez le pied) et citronnez-les. Ajoutez-les dans la sauteuse et poursuivez la cuisson 45 minutes à feu doux sous couvert.
- Préparez la sauce : dans une grande casserole à fond épais, réalisez un roux avec le beurre et la farine.

Mouillez avec 2 ou 3 louches de bouillon de cuisson de la viande et faites cuire jusqu'à épaississement de la sauce en remuant.

- Lorsque la viande est cuite, égouttez-la avec les carottes et les champignons. Ajoutez le tout dans la casserole de sauce et réchauffez doucement.
- Juste avant de servir, prélevez ½ louche de sauce et délayez avec le jaune d'œuf. Hors du feu, versez ce mélange dans la casserole ; ajoutez la crème fraîche et le jus de citron. Mélangez le tout et servez bien chaud.

CAILLES RÔTIES AUX POMMES

Préparation : 15 min / **Cuisson :** 45 min

Pour 4 personnes : • 4 cailles prêtes à cuire • 4 pommes type reinette • 2 gousses de vanille • 3 cuillerées à soupe de miel liquide • Beurre • Sel, poivre du moulin

- Épluchez les pommes, coupez-les en deux et épépinez-les. Détaillez 4 demi-pommes en petits dés. Réservez le reste.
- Fendez les gousses de vanille en deux et raclez les graines à l'aide de la lame d'un couteau.
- Dans un saladier, mélangez les dés de pomme avec 1 cuillerée à soupe de miel et les graines de vanille. Farcissez l'intérieur des cailles avec ce mélange.
- Dans un plat allant au four, disposez les demi-pommes réservées. Placez 1 caille farcie sur chaque demi-pomme puis ajoutez dessus 1 cuillerée à café de miel et 1 petite noix de beurre. Mettez les gousses de vanille grattées au milieu du plat.
- Enfournez, sans préchauffage, à 200 °C (th. 6-7) et faites cuire 45 minutes. Servez très chaud.

WOK DE POULET AUX CAROTTES

Préparation : 10 min / **Cuisson :** 15 min

Pour 4 personnes : • 600 g de blancs de poulet • 4 belles carottes • 4 champignons de Paris • ½ courgette • 1 bouquet de coriandre • ½ bouquet de ciboulette • 1 cuillerée à soupe de sauce soja • 1 cuillerée à soupe d'huile d'olive • Poivre du moulin

- Épluchez les carottes et taillez-les en bâtonnets, ainsi que la courgette. Nettoyez les champignons et coupez-les en lamelles. Lavez et hachez grossièrement la coriandre et la ciboulette.
- Détaillez les blancs de poulet en aiguillettes.
- Faites cuire les carottes 5 minutes dans une casserole d'eau bouillante salée. Égouttez-les.
- Faites chauffer l'huile d'olive dans un wok puis faites sauter les aiguillettes de poulet 5 minutes à feu vif. Poivrez. Ajoutez les bâtonnets de légumes et les champignons. Arrosez de sauce soja et parsemez de coriandre et de ciboulette. Poursuivez la cuisson 5 minutes : les légumes doivent rester croquants.

ASTUCE

AJOUTEZ 1 OU 2 TIGES DE CITRONNELLE HACHÉES POUR RENFORCER LA SAVEUR ASIATIQUE DE CE PLAT.

BROCHETTES DE PORC AUX OLIVES

Préparation : 25 min / **Cuisson** : 30 min

Pour 6 personnes : • 6 côtes de porc • 1 bocal d'olives vertes dénoyautées • 1 oignon • 30 cl de vin blanc • 2 cuillerées à soupe d'huile d'olive • Sel, poivre du moulin

- Désossez les côtes de porc et coupez la viande en gros dés.
- Sur chaque pique à brochette, enfilez des cubes de viande et des olives en les alternant.
- Pelez et hachez finement l'oignon.
- Dans une sauteuse, faites chauffer l'huile d'olive avec l'oignon. Déposez les brochettes, salez, poivrez et faites-les revenir de tous côtés 5 minutes à feu moyen.
- Versez le vin blanc dans la sauteuse. Couvrez et laissez cuire 30 minutes en retournant régulièrement les brochettes.
- Servez avec des pommes de terre sautées ou une salade verte.

POULET RÔTI À L'AIL ET AU THYM

Préparation : 10 min / **Cuisson :** 1 h 30 min

Pour 6 personnes : • 1 beau poulet fermier • 2 petits-suisses • ½ oignon • 5 branches de thym • 100 g d'ail (10 gousses environ) • Sel, poivre du moulin

- Préchauffez le four à 180 °C (th. 6).
- Pelez et coupez en deux le demi-oignon. Placez-le à l'intérieur du poulet avec les petits-suisses, 1 branche de thym et 2 gousses d'ail.
- Déposez le poulet dans un plat allant au four. Salez et poivrez généreusement. Couvrez le poulet d'une feuille de papier sulfurisé et enfournez pendant 30 minutes.
- Ôtez le papier sulfurisé. Disposez autour du poulet le reste de thym et des gousses d'ail. Enfournez à nouveau et poursuivez la cuisson 1 heure en arrosant régulièrement le poulet avec son jus.

ASTUCE

REMPLACEZ LES HERBES PAR UN MÉLANGE DE FRUITS SECS. LA CUISSON DU POULET PEUT ÉGALEMENT SE FAIRE EN COCOTTE.

PLANCHA DE SOT-L'Y-LAISSE DE DINDE AUX HERBES

Préparation : 10 min / **Cuisson** : 10 min

Pour 4 personnes : • 500 g de sot-l'y-laisse de dinde • 1 courgette • 1 bouquet d'herbes aromatiques (persil, ciboulette, basilic…) • ½ gousse d'ail • 1 cuillerée à café de cumin en poudre • Huile pour la cuisson • Sel, poivre du moulin

- Lavez et ciselez finement les herbes aromatiques. Coupez l'ail en tout petits dés.
- Lavez la courgette et détaillez-la en rondelles fines.
- Faites sauter les sot-l'y-laisse 3 à 4 minutes sur la plancha huilée avec les herbes. Déposez à côté les rondelles de courgette. Parsemez d'ail, salez, poivrez et saupoudrez de cumin. Faites cuire 3 à 4 minutes de chaque côté (les courgettes doivent rester croquantes). Servez aussitôt.

PAPILLOTES DE POULET À L'ORIENTALE

Préparation : 15 min / **Cuisson :** 40 min

Pour 4 personnes : • 4 blancs de poulet de 150 g chacun • 2 tomates • 1 courgette • 1 oignon • 1 gousse d'ail • 1 citron non traité • 1 bouquet de coriandre • 1 cuillerée à soupe de ras-el-hanout • 1 cuillerée à soupe d'huile d'olive • Sel, poivre du moulin

- Préchauffez le four à 200 °C (th. 6-7).
- Pelez et émincez l'oignon et l'ail. Lavez et hachez la coriandre.
- Lavez la courgette et coupez-la en tronçons. Lavez les tomates et coupez-les en quartiers. Coupez le citron en tranches.
- Faites dorer les blancs de poulet dans une sauteuse avec l'huile d'olive 5 minutes à feu moyen.
- Déposez 1 blanc de poulet au centre de 4 carrés de papier sulfurisé et répartissez autour les légumes et les tranches de citron. Saupoudrez de ras-el-hanout et parsemez de coriandre. Salez et poivrez. Refermez les papillotes.
- Enfournez les papillotes et laissez cuire 35 minutes. Servez aussitôt.

TERRINE DE LAPIN

Préparation : 35 min / **Marinade :** 1 nuit / **Cuisson :** 55 min

Pour 6 personnes : • 1 lapin en morceaux • 200 g de lardons fumés • 1 foie de lapin • 1 oignon • 2 gousses d'ail • 1 bouquet garni • 1 pincée de cumin • 30 cl de vin blanc sec • 200 g de barde de lard • Sel, poivre du moulin

- La veille, pelez et émincez l'oignon. Désossez les morceaux de lapin. Faites mariner la chair dans le vin blanc avec l'oignon pendant toute la nuit.
- Le lendemain, égouttez la chair de lapin et l'oignon puis hachez-les avec les lardons, le foie, l'ail et le cumin ; salez et poivrez.
- Préchauffez le four à 180 °C (th. 6).
- Tapissez 1 terrine de barde puis remplissez-la de farce au lapin. Recouvrez la farce avec un autre morceau de barde et ajoutez le bouquet garni. Refermez la terrine et déposez-la dans un plat au bain-marie. Enfournez pendant 55 minutes.
- Sortez la terrine du four et laissez-la refroidir à température ambiante.

ASTUCE

VOUS POUVEZ COULER DANS VOTRE TERRINE UNE GELÉE AU MADÈRE POUR LUI DONNER UN ASPECT PLUS DÉCORATIF.

BROCHETTES DE CANARD À L'ORANGE

Préparation : 30 min / **Cuisson** : 15 à 20 min

Pour 4 personnes : • 2 magrets de canard • 6 oranges non traitées • 100 g de miel liquide de fenouil ou d'acacia • Graines de sésame • Huile d'olive • Sel, poivre du moulin • 12 piques à brochettes

- Éliminez le gras des magrets puis coupez-les en 24 tranches fines.
- Épluchez 3 oranges et prélevez 24 suprêmes.
- Recouvrez chaque suprême d'une tranche de magret. Réalisez les brochettes en enfilant sur une pique 2 suprêmes dans la longueur. Salez et poivrez.
- Recueillez le jus des oranges restantes.
- Faites chauffer un fond d'huile dans une grande poêle puis saisissez les brochettes de tous côtés à feu vif. Ajoutez ensuite le jus d'orange et le miel puis laissez cuire à feu doux, en tournant les brochettes régulièrement jusqu'à ce que le jus nappe progressivement les brochettes et devienne sirupeux. Servez aussitôt.
- Parsemez les brochettes de graines de sésame et servez aussitôt.

SALADE DE MÂCHE ET GÉSIERS CONFITS AUX POIRES

Préparation : 10 min / **Cuisson** : 10 min

Pour 6 personnes : • 200 g de mâche • 200 g de gésiers confits • 2 poires comice • 1 échalote • 6 cuillerées à soupe d'huile d'olive • 3 cuillerées à soupe de vinaigre de cidre • Sel, poivre du moulin

- Lavez soigneusement la salade. Épluchez et hachez l'échalote.
- Faites revenir les gésiers dans une poêle antiadhésive sans matière grasse pendant 10 minutes à feu moyen.
- Disposez un lit de mâche dans chaque assiette.
- Préparez la vinaigrette : dans un bol, mélangez l'échalote avec le vinaigre, l'huile d'olive, du sel et du poivre.
- Épluchez et épépinez les poires ; coupez-les en fines lamelles.
- Disposez sur la salade les gésiers dégraissés et les poires. Arrosez de vinaigrette et servez sans attendre.

RÔTI DE VEAU À LA POIVRADE

Préparation : 10 min / **Cuisson :** 1 h 30

Pour 6 personnes : • 1 rôti de veau de 1,6 kg • 500 g d'artichauts poivrade (violets) • 4 carottes • 1 oignon • 1 gousse d'ail • 1 bouquet de persil • 1 feuille de laurier • 1 cuillerée à soupe de fond de veau déshydraté • 1 cuillerée à café de farine • 70 cl de vin blanc sec • 2 cuillerées à soupe d'huile d'olive • Sel, poivre du moulin

- Pelez et hachez l'ail et l'oignon. Lavez les artichauts et supprimez les tiges. Pelez les carottes et coupez-les en rondelles.
- Dans une cocotte, faites chauffer l'huile d'olive puis saisissez le rôti de tous côtés à feu vif. Ajoutez l'oignon et l'ail. Faites revenir le tout 5 minutes à feu moyen. Ajoutez la farine puis le vin blanc, le laurier et les tiges de persil (gardez les feuilles pour la déco).
- Placez les artichauts dans la cocotte. Ajoutez 1 grand verre d'eau et le fond de veau déshydraté. Salez modérément et poivrez. Couvrez et faites cuire 1 h 30 (d'abord à feu moyen puis à feu doux) en ajoutant les carottes 30 minutes avant la fin de la cuisson.
- Rectifiez l'assaisonnement et parsemez de persil ciselé. Servez bien chaud.

BURGERS AUX RIS DE VEAU

Préparation : 25 min / **Trempage** : 1 h / **Repos** : 1 nuit / **Cuisson** : 10 min

Pour 4 personnes : • 400 g de ris de veau • 4 english muffins • 60 g de roquette • 1 petite tomate • Farine • 2 cuillerées à soupe de crème fraîche épaisse • 1 cuillerée à café de whisky • 1 cuillerée à café de ketchup • 50 g de beurre • Vinaigre blanc • Sel, poivre du moulin

- La veille, faites tremper les ris de veau dans un saladier d'eau légèrement vinaigrée pendant 1 heure.
- Égouttez les ris de veau et dénervez-les. Blanchissez-les 10 minutes dans une casserole d'eau bouillante. Égouttez-les soigneusement et enveloppez-les serrés dans un linge propre. Placez-les 1 nuit au réfrigérateur sous un pois.
- Le lendemain, escalopez les ris de veau en biais, en 8 petites tranches de 1 cm d'épaisseur.
- Farinez, salez et poivrez les tranches de ris. Faites-les revenir dans une poêle antiadhésive avec le beurre 2 minutes à feu vif de chaque côté afin qu'elles soient bien dorées. Réservez au chaud.
- Dans un bol, mélangez la crème fraîche avec le ketchup et le whisky. Salez et poivrez.
- Montez les burgers : ouvrez les muffins en deux et toastez-les légèrement sous le gril du four.

- Lavez la roquette. Lavez la tomate et coupez 4 rondelles.
- Sur les talons des muffins, déposez un peu de roquette, 1 petite tranche de ris de veau et 1 rondelle de tomate. Ajoutez à nouveau un peu de roquette et 1 tranche de ris. Terminez par un peu de roquette et 1 cuillerée à café de sauce au whisky. Recouvrez avec le chapeau des muffins.

ASTUCE

RÉALISEZ CETTE RECETTE AVEC DU FOIE GRAS FRAIS POÊLÉ. REMPLACEZ ALORS LA TOMATE PAR DES TRANCHES DE POIRE ET LE WHISKY PAR DU COGNAC.

OSSO BUCCO SAUCE CORIANDRE

Préparation : 15 min / **Cuisson :** 1 h 10

Pour 4 personnes : • 4 belles tranches d'osso bucco (200 g chacune) • 5 tomates bien mûres • 2 oranges non traitées • 1 oignon • 1 gousse d'ail • 2 brins de coriandre • 2 branches de thym • 1 branche de romarin • 1 feuille de laurier • 1 cuillerée à soupe de farine • 20 cl de vin blanc sec • 3 cuillerées à soupe d'huile d'olive • 2 cuillerées à soupe de persil haché • Sel, poivre du moulin

- Lavez et hachez la coriandre. Pelez les tomates et coupez-les en petits dés. Pelez la gousse d'ail et coupez-la en deux. Épluchez et émincez l'oignon. Prélevez quelques zestes d'orange.
- Faites chauffer l'huile d'olive dans une cocotte puis faites suer l'oignon 3 minutes à feu moyen. Ajoutez la viande et saisissez-la 2 minutes de chaque côté. Saupoudrez de farine et mélangez. Déglacez avec le vin blanc. Ajoutez les dés de tomate, l'ail, les zestes d'orange, le thym, le romarin et le laurier ; salez et poivrez. Couvrez et faites cuire 1 heure à feu doux.
- Pelez les oranges à vif et prélevez les suprêmes (les quartiers d'orange sans la peau). Ajoutez-les dans la cocotte 5 minutes avant la fin de la cuisson.
- Parsemez l'osso bucco de persil haché et servez bien chaud.

BŒUF SAUTÉ À LA CITRONNELLE

Préparation : 10 min / **Cuisson :** 10 min

Pour 4 personnes : • 600 g de bœuf à bourguignon • 1 poivron jaune • 2 oignons nouveaux • 1 gousse d'ail • 2 tiges de citronnelle • 2 cuillerées à café de gingembre frais rapé • 1 pincée de piment fort • 2 cuillerées à soupe de graines de sésame • 2 cuillerées à soupe de sauce soja • 2 cuillerées à soupe d'huile de colza • Sel, poivre du moulin

- Lavez le poivron puis détaillez-le en lamelles. Épluchez et hachez les oignons et l'ail.
- Supprimez les feuilles extérieures de la citronnelle et ne conservez que 6 à 7 cm à partir de la base. Hachez finement le cœur.
- Découpez la viande en morceaux de taille moyenne.
- Dans une sauteuse, faites chauffer l'huile de colza. Ajoutez la viande et tous les ingrédients ci-dessus mentionnés. Incorporez 1 cuillerée à soupe de graines de sésame, le piment fort, la sauce soja, 1 pincée de sel et du poivre. Mélangez et faites cuire 10 minutes à feu assez vif.
- Au moment de servir, saupoudrez d'une seconde cuillerée à soupe de sésame. Dégustez très chaud avec un riz thaï.

TIAN ET CÔTES D'AGNEAU

Préparation : 20 min / **Cuisson :** 1 h 15

Pour 4 personnes : • 8 côtes d'agneau • 4 tomates charnues • 2 courgettes • 1 aubergine • 1 gousse d'ail • Herbes de Provence • Huile d'olive • Sel, poivre du moulin

- Préchauffez le four à 160 °C (th. 5-6).
- Lavez les légumes et coupez-les en rondelles. Épluchez et hachez l'ail.
- Disposez les légumes dans un plat allant au four en les intercalant. Salez et poivrez. Parsemez d'ail et d'herbes de Provence puis arrosez d'huile d'olive. Enfournez et laissez cuire pendant 1 heure.
- Salez et poivrez les côtes d'agneau puis déposez-les sur les légumes. Enfournez 15 minutes supplémentaires. Servez aussitôt.

ŒUFS COCOTTE, CAMEMBERT ET PERSILLADE

Préparation : 10 min / **Cuisson :** 10 min

Pour 6 personnes : • 12 œufs • ½ camembert • ½ bouquet de persil • 1 gousse d'ail • 6 cuillerées à soupe de crème fraîche entière

- Préchauffez le four à 180 °C (th. 6).
- Lavez et effeuillez le persil. Épluchez et dégermez l'ail.
- Hachez finement le persil avec l'ail.
- Cassez délicatement 2 œufs dans 6 cocottes individuelles ou ramequins.
- Coupez le camembert en six et déposez 1 part dans chaque contenant. Parsemez de persillade. Salez, poivrez et ajoutez 1 cuillerée à soupe de crème fraîche.
- Déposez les œufs cocotte dans un bain-marie et faites cuire 10 minutes au four. Servez chaud avec une salade de mâche.

TAGLIATELLES AU SAUMON ET À LA CORIANDRE

Préparation : 10 min / **Cuisson :** 8 min

Pour 4 personnes : • 400 g de tagliatelles fraîches • 200 g de saumon frais • 1 bouquet de coriandre • 20 cl de crème liquide • 1 cuillerée à café de baies roses • Sel, poivre du moulin

- Lavez et effeuillez la coriandre. Réservez quelques feuilles pour la déco et hachez le reste.
- Essuyez le saumon. Détaillez-le en lamelles et ôtez si nécessaire les arêtes restantes.
- Dans une grande casserole, faites chauffer la crème liquide avec du sel et du poivre.
- Ajoutez les lamelles de saumon dans la crème chaude et laissez cuire 5 minutes. Incorporez la coriandre hachée en fin de cuisson.
- Plongez les tagliatelles dans une grande casserole d'eau bouillante salée et laissez cuire 3 minutes. Égouttez-les.
- Déposez les tagliatelles dans le mélange saumon-crème et remuez délicatement. Servez aussitôt décoré de feuilles de coriandre et de baies roses concassées.

SAINT-PIERRE ET TAGLIATELLES DE COURGETTE, SAUCE VIERGE

Préparation : 20 min / **Cuisson** : 7 min

Pour 4 personnes : • 4 filets de saint-pierre • 3 courgettes • 150 g de tomates cerises • 1 gousse d'ail hachée • 1 brin de basilic ciselé • 15 cl d'huile d'olive • 1 cuillerée à soupe de vinaigre balsamique • Sel, poivre du moulin

- Préparez la sauce vierge : lavez les tomates cerises et coupez-les en dés. Dans un bol, mélangez 10 cl d'huile d'olive avec le vinaigre balsamique, l'ail, le basilic haché et les tomates cerises ; salez et poivrez. Réservez.
- Lavez les courgettes puis coupez-les en très fines lamelles (à la mandoline de préférence). Détaillez-les en lanières pour former des tagliatelles. Plongez-les 2 minutes dans une casserole d'eau bouillante salée. Égouttez-les et réservez au chaud.
- Faites chauffer le reste d'huile dans une poêle puis faites cuire les filets de poisson 2 minutes de chaque côté à feu moyen. Salez et poivrez.
- Disposez les filets de saint-pierre et les tagliatelles de courgette sur les assiettes. Arrosez de sauce vierge et décorez de feuilles de basilic avant de servir.

FILETS DE LIEU JAUNE, CAROTTES AU GINGEMBRE

Préparation : 10 min / **Cuisson** : 7 à 8 min

Pour 4 personnes : • 4 filets de lieu jaune de 150 g chacun • 500 g de carottes • 4 tiges de cerfeuil • 1 petit morceau de gingembre frais • Huile d'olive • 4 cuillerées à soupe de crème de vinaigre balsamique • Sel, poivre du moulin

- Épluchez les carottes et coupez-les en rondelles. Lavez et hachez le cerfeuil.
- Pelez le gingembre et râpez-le afin d'en obtenir 2 cuillerées à café. Mélangez-le aux carottes.
- Essuyez les filets de poisson (ôtez les arêtes éventuelles). Déposez-les dans un des paniers du cuit-vapeur. Placez les carottes dans l'autre panier. Faites cuire le tout 4 à 5 minutes.
- Sur chaque assiette, présentez 1 filet de poisson recouvert de rondelles de carotte. Arrosez d'un filet d'huile d'olive et d'1 cuillerée à soupe de crème de vinaigre balsamique. Salez, poivrez et décorez de cerfeuil haché.

COCOTTES DE GAMBAS AUX COURGETTES

Préparation : 20 min / **Cuisson :** 20 min

Pour 4 personnes : • 800 g de gambas crues • 300 g de courgettes • 1 gousse d'ail • ½ bouquet de coriandre • 20 cl de lait de coco • 1 cuillerée à soupe d'huile d'olive • Sel, poivre du moulin

- Préchauffez le four à 200 °C (th. 6-7).
- Lavez les courgettes et coupez-les en deux dans la longueur. Détaillez-les en fines tranches. Faites-les revenir dans une poêle avec l'huile d'olive 10 minutes à feu assez vif. Salez et poivrez.
- Pendant ce temps, pelez et hachez l'ail. Lavez et hachez la coriandre. Décortiquez les gambas à cru.
- Répartissez les gambas dans des petites cocottes individuelles. Ajoutez les courgettes puis parsemez d'ail et de coriandre. Versez le lait de coco par-dessus ; salez et poivrez.
- Couvrez les cocottes et enfournez 10 minutes. Servez dès la sortie du four.

ASTUCE

VOUS POUVEZ REMPLACER LES GAMBAS PAR DES NOIX DE SAINT-JACQUES

SAINT-JACQUES FLAMBÉES AU COGNAC

Préparation : 10 min / **Cuisson :** 5 min

Pour 4 personnes : • 20 noix de Saint-Jacques • 8 brins de ciboulette • 30 cl de crème liquide • 20 g de beurre • 1 cuillerée à soupe de cognac • 2 cuillerées à soupe d'huile d'olive • Baies roses • Sel, poivre du moulin

- Lavez et séchez la ciboulette.
- Faites chauffer l'huile d'olive et le beurre dans une poêle puis saisissez les noix de Saint-Jacques 2 minutes de chaque côté à feu vif.
- Flambez les noix de Saint-Jacques au cognac puis versez la crème liquide. Laissez réduire 1 minute. Parsemez de baies roses ; salez et poivrez.
- Déposez 1 cuillerée à soupe de sauce réduite sur chaque assiette et ajoutez 5 noix de Saint-Jacques. Décorez de brins de ciboulette avant de servir.

ASTUCE

SERVEZ LES SAINT-JACQUES AVEC UNE ÉCRASÉE DE POMMES DE TERRE (DRESSÉE À LA POCHE À DOUILLE).

TABOULÉ AUX FRUITS DE MER

Préparation : 20 min / **Cuisson** : 10 min

Pour 6 personnes : • 500 g de semoule de blé moyenne • 300 g de moules • 300 g de noix de pétoncle • 200 g de crevettes roses cuites décortiquées • 1 poivron vert • 2 tomates • 1 bouquet de persil plat • 1 oignon • 1 gousse d'ail • Le jus de 1 citron vert • 3 cuillerées à soupe d'huile d'olive • Sel, poivre du moulin

- Déposez la semoule dans un grand saladier et arrosez-la avec 2 cuillerées à soupe d'huile d'olive. Salez, poivrez et mélangez. Versez par-dessus une fois et demie son volume d'eau bouillante et laissez-la gonfler.
- Pelez et hachez l'ail. Faites chauffer le reste d'huile dans une sauteuse puis faites revenir les noix de pétoncle avec l'ail 5 minutes. Salez et poivrez.
- Nettoyez soigneusement les moules. Faites-les cuire dans un faitout 5 à 10 minutes à couvert jusqu'à ce qu'elles s'ouvrent. Égouttez-les et décoquillez-les. Filtrez le jus de cuisson et réservez.
- Égrenez la semoule et laissez-la refroidir dans le saladier.

- Lavez les tomates et le poivron puis coupez-les en tout petits dés. Pelez et émincez très finement l'oignon. Lavez et hachez le persil.
- Mélangez les dés de légumes, l'oignon, le persil et tous les fruits de mer à la semoule. Ajoutez le jus de cuisson des moules. Arrosez de jus de citron et rectifiez l'assaisonnement en sel et poivre avant de servir.

ASTUCE

VOUS POUVEZ AJOUTER DES LANIÈRES DE SAUMON FUMÉ OU DE HADDOCK

LANGOUSTINES À L'AMÉRICAINE

Préparation : 10 min / **Cuisson :** 8 min

Pour 4 personnes : • 1 kg de langoustines fraîches • 4 tomates • 1 petit bouquet de persil plat • 1 gousse d'ail • 10 cl de whisky • 1 verre de vin blanc • 4 cuillerées à soupe d'huile d'olive • Sel, poivre du moulin

- Rincez les langoustines.
- Pelez et hachez l'ail. Lavez et hachez le persil. Lavez les tomates puis mixez-les.
- Faites chauffer l'huile d'olive dans une sauteuse puis faites revenir les langoustines 1 minute à feu vif. Ajoutez l'ail et laissez cuire 5 minutes en remuant régulièrement.
- Flambez les langoustines au whisky puis versez le vin blanc. Ajoutez la purée de tomates et le persil. Salez, poivrez et laissez réduire la sauce 2 minutes. Servez sans attendre.

ASTUCE

SI VOUS AIMEZ LES SAVEURS RELEVÉES, AJOUTEZ 1 PINCÉE DE PIMENT FORT.

WOK DE CREVETTES ET LÉGUMES

Préparation : 15 min / **Cuisson :** 15 min

Pour 6 personnes : • 600 g de crevettes roses crues • 200 g de pois gourmands • 3 carottes nouvelles • 1 botte d'oignons nouveaux • 1 gousse d'ail • ½ bouquet de coriandre • 1 cuillerée à soupe de sauce soja • 1 cuillerée à soupe de sauce d'huître • 1 cuillerée à soupe d'huile d'olive • Sel, poivre du moulin

- Lavez les pois gourmands. Pelez les carottes et coupez-les en trois.
- Plongez les carottes et les pois gourmands 5 minutes dans une casserole d'eau bouillante salée. Égouttez-les et passez-les sous l'eau fraîche.
- Pelez et hachez la gousse d'ail. Lavez et hachez la coriandre. Épluchez et émincez les oignons.
- Décortiquez les crevettes en conservant la queue. Fendez le dos pour qu'elles s'ouvrent à la cuisson.
- Faites chauffer l'huile d'olive dans un wok puis déposez les crevettes et les légumes. Ajoutez les oignons, l'ail et la coriandre. Arrosez de sauce soja et de sauce d'huître, salez et poivrez. Faites sauter le tout 10 minutes à feu vif. Servez bien chaud.

MOULES À LA CATALANE AU BANYULS

Préparation : 15 min / **Cuisson :** 8 min

Pour 4 personnes : • 3 litres de moules • 1 poivron jaune • 1 poivron rouge • 1 poivron vert • 2 tomates • 1 oignon • 2 pincées de piment d'Espelette • 3 cuillerées à soupe de crème liquide • 1 verre de banyuls • Sel, poivre du moulin

- Lavez et grattez soigneusement les moules.
- Lavez les poivrons et les tomates et coupez-les en petits dés. Pelez et hachez l'oignon.
- Déposez les moules dans une sauteuse. Ajoutez les dés de légumes, l'oignon et le verre de banyuls. Assaisonnez de sel, de poivre et de piment d'Espelette. Faites cuire à feu vif 6 minutes en secouant de temps en temps la sauteuse pour que les moules cuisent uniformément.
- Ajoutez la crème liquide et poursuivez la cuisson 2 minutes. Remuez à nouveau et servez bien chaud.

GRATINS D'ABRICOTS À LA CRÈME D'AMANDES

Préparation : 10 min / **Cuisson** : 15 min

Pour 6 à 8 personnes : • 1 kg d'abricots • 4 œufs • 40 g de poudre d'amande • 2 cuillerées à soupe d'amandes effilées • 2 cuillerées à soupe de sucre semoule • 10 cl de vin blanc moelleux

- Préchauffez le four à 200 °C (th. 6-7).
- Lavez les abricots, coupez-les en deux et dénoyautez-les. Répartissez-les dans des ramequins.
- Cassez les œufs dans une casserole. Versez le vin blanc, ajoutez le sucre et battez le mélange au fouet. Faites chauffer 5 minutes à feu moyen sans cesser de fouetter, jusqu'à ce que le mélange épaississe et forme un sabayon. Hors du feu, incorporez la poudre d'amande.
- Versez la crème d'amandes sur les abricots. Parsemez d'amandes effilées et enfournez 10 minutes.
- Servez les gratins chauds ou tièdes accompagnés d'1 boule de glace.

COMPOTE MERINGUÉE POMME-ABRICOT

Préparation : 15 min / **Cuisson :** 35 min

Pour 6 personnes : • 5 pommes • 200 g d'abricots secs • Le jus de 1 orange • 50 g d'amandes effilées • 2 blancs d'œufs • 1 cuillerée à soupe de miel • 100 g de sucre semoule • 50 g de beurre • 1 pincée de sel

- Pelez les pommes et taillez-les en gros cubes. Coupez les abricots secs en petits dés.
- Déposez les pommes et les abricots dans une casserole. Ajoutez 1 verre d'eau, le jus d'orange, les amandes, le miel, le beurre et 50 g de sucre. Faites cuire 30 minutes à feu doux en mélangeant régulièrement.
- Préchauffez le gril du four.
- Montez les blancs d'œufs en neige ferme avec la pincée de sel puis incorporez délicatement le reste de sucre.
- Répartissez la compote dans des verrines. À l'aide d'une poche à douille, recouvrez les compotes de blanc en neige.
- Passez les verrines 5 minutes sous le gril pour faire meringuer. Dégustez tiède ou froid.

SORBET À LA PASTÈQUE

Préparation : 10 min / **Congélation** : 1 h minimum

Pour 4 personnes : • ¼ de pastèque (1 kg environ) • 2 cuillerées à soupe de sucre semoule • Le jus de ½ citron

- Épluchez et épépinez la pastèque puis coupez-la en dés grossiers.
- Mixez les dés de pastèque pour obtenir une purée. Ajoutez le sucre semoule et le jus de citron.
- Versez la purée de pastèque dans une sorbetière et faites prendre selon le temps mentionné par l'appareil. Servez aussitôt.
- Si vous n'avez pas de sorbetière, versez la purée de pastèque dans un bac à glace et faites prendre au congélateur en remuant la préparation toutes les 10 minutes à l'aide d'une fourchette : vous obtiendrez alors un granité.

ASTUCE

RÉALISEZ CE SORBET AVEC 1 MELON ET LE JUS DE 1 ORANGE.

PANNA COTTA MANGUE-FRAISES

Préparation : 10 min / **Cuisson :** 3 min / **Réfrigération :** 4 h

Pour 4 personnes : • 1 mangue • 200 g de fraises gariguette • 50 cl de crème liquide • 1 sachet de sucre vanillé • 3 feuilles de gélatine

- Faites ramollir les feuilles de gélatine dans un bol d'eau tiède pendant 10 minutes.
- Lavez et équeutez les fraises.
- Dans une casserole, faites chauffer la crème liquide avec le sucre vanillé. Lorsqu'elle est chaude, ajoutez les feuilles de gélatine essorées et remuez sur feu doux pendant 3 minutes pour les faire fondre (le mélange ne doit jamais bouillir).
- Incorporez les fraises à la crème chaude puis mixez la préparation.
- Versez la préparation dans des verrines et réservez 4 heures au réfrigérateur.
- Juste avant de servir, épluchez la mangue et ôtez le noyau. Découpez-la en petits dés puis disposez-les sur les panna cotta.

FAISSELLES AU COULIS DE FRUITS ROUGES

Préparation : 10 min

Pour 4 personnes : • 4 petites faisselles de 150 g • 300 g de framboises • 200 g de fraises • 200 g de mûres ou de myrtilles • 150 g de sucre semoule • Le jus de 1/2 citron

- Réservez 100 g de framboises pour la déco et mixez le reste avec les autres fruits rouges, le sucre et le jus de citron.
- Passez la préparation au chinois si vous souhaitez un coulis plus fluide (facultatif).
- Égouttez les faisselles puis déposez-les dans des assiettes à dessert. Arrosez-les de coulis de fruits et décorez avec les framboises réservées. Dégustez immédiatement.

CHARLOTTE AUX POIRES

Préparation : 25 min / **Réfrigération** : 6 h

Pour 6 personnes : • 4 poires williams bien mûres • 300 g de fromage blanc • 30 biscuits à la cuiller • 4 feuilles de gélatine • 3 cuillerées à soupe de sucre semoule • 2 cuillerées à café de caramel liquide

- Faites ramollir les feuilles de gélatine 10 minutes dans un bol d'eau tiède.
- Pendant ce temps, épluchez et épépinez les poires. Coupez 2 poires en gros dés et mixez-les. Détaillez les poires restantes en tranches (réservez-en quelques-unes pour la déco).
- Essorez les feuilles de gélatine et faites-les fondre 30 secondes au micro-ondes.
- Incorporez la gélatine fondue aux poires mixées. Ajoutez le fromage blanc, le caramel et le sucre. Mélangez le tout.
- Taillez quelques biscuits en diagonale (ils composeront le dessus de la charlotte en forme de rosace). Disposez des biscuits dans le fond d'un moule à charlotte, face bombée contre la paroi. Tapissez les bords avec des biscuits entiers.

- Déposez une couche de préparation sur les biscuits puis ajoutez une couche de poires. Recouvrez de biscuits. Renouvelez l'opération en terminant par une couche de biscuits. Réservez au réfrigérateur pendant 6 heures minimum (voire 1 nuit).
- Démoulez la charlotte en la retournant sur un grand plat et décorez-la avec les tranches de poire réservées.

CLAFOUTIS AUX ABRICOTS

Préparation : 10 min / **Cuisson :** 25 min

Pour 4 personnes : • 600 g d'abricots • 3 œufs • 80 g d'amandes effilées • 50 g de pistaches • 30 g de farine • 50 g de sucre semoule • 1 sachet de sucre vanillé • 50 g de beurre fondu • 50 cl de lait fermier • 1 cuillerée à soupe de kirsch

- Préchauffez le four à 200 °C (th. 6-7).
- Coupez les abricots en deux et saupoudrez-les de sucre.
- Dans un saladier, battez les œufs avec le reste de sucre jusqu'à ce que le mélange blanchisse. Incorporez le beurre fondu, la farine, le lait et le kirsch.
- Concassez les pistaches.
- Versez la pâte dans un plat allant au four. Ajoutez les abricots, les amandes et les pistaches. Enfournez pendant 25 minutes.
- Saupoudrez le clafoutis de sucre vanillé à la sortie du four. Dégustez tiède ou froid.

CRUMBLE AUX QUETSCHES, MÛRES ET SPÉCULOOS

Préparation : 10 min / **Cuisson** : 35 à 40 min

Pour 4 personnes : • 600 g de quetsches • 300 à 400 g de mûres • 80 g de spéculoos • 150 g de farine • 100 g de sucre semoule • 120 g de beurre ramolli

- Préchauffez le four à 200 °C (th. 6-7).
- Lavez les quetsches, coupez-les en deux (ou en quatre) et dénoyautez-les.
- Disposez les quetsches dans un moule. Ajoutez les mûres et saupoudrez légèrement de sucre.
- Dans un saladier, mélangez le beurre, la farine, le sucre restant et les spéculoos émiettés. Travaillez ce mélange du bout des doigts pour obtenir une pâte sableuse.
- Répartissez la préparation sur les fruits. Enfournez 35 à 40 minutes jusqu'à ce que le crumble soit doré.

TARTE TATIN AUX POMMES ET AUX AMANDES

Préparation : 15 min / **Cuisson :** 30 min environ

Pour 6 personnes : • 1 pâte feuilletée prête à l'emploi • 5 pommes • 50 g d'amandes effilées • 80 g de cassonade + un peu pour le moule • 80 g de beurre + un peu pour le moule

- Préchauffez le four à 180 °C (th. 6).
- Épluchez et épépinez les pommes puis coupez-les en quatre.
- Faites fondre le beurre dans une poêle puis faites revenir les pommes pour qu'elles soient bien dorées. Ajoutez la cassonade et laissez caraméliser pendant 5 à 8 minutes.
- Beurrez le fond d'un moule à bord haut et saupoudrez de cassonade. Parsemez d'amandes effilées.
- Placez les pommes dans le moule, face bombée contre la paroi. Recouvrez avec la pâte en rentrant bien les bords à l'intérieur du moule.
- Enfournez et laissez cuire 25 minutes.
- Décollez les bords de la pâte à l'aide d'un couteau. Pour démouler la tarte, placez une assiette sur le moule et retournez d'un seul coup.

Y'A QUE ÇA DE VRAI !

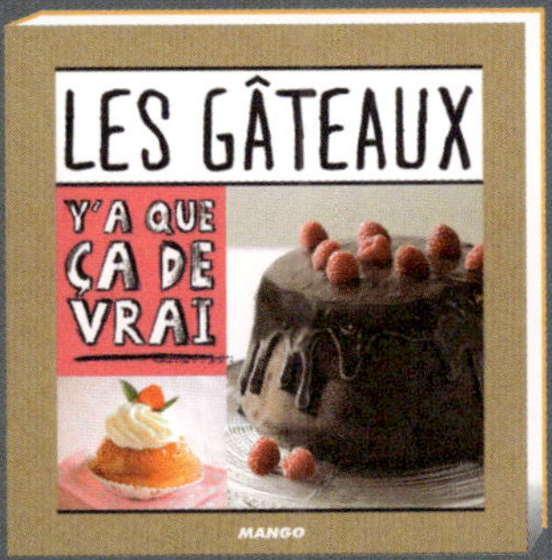

www.fleuruseditions.com

ÉQUIVALENCES

Mesures liquides

Système métrique	Système américain	Autre nom
5 ml	1 cuillère à thé (cuillère à café française)	
15 ml	1 cuillère à table (cuillère à soupe française)	
35 ml	1/8 cup (tasse française)	1 oz
65 ml	1/4 cup ou 1/4 grand verre	2 oz
125 ml	1/2 cup ou 1/2 grand verre	4 oz
250 ml	1 cup ou 1 grand verre	8 oz
500 ml	2 cups ou 1 pinte	
1 litre	4 cups ou 2 pintes	

Mesures solides

Système métrique	Système américain	Autre nom
30 g	1 oz	
55 g	1/8 lbs	2 oz
115 g	1/4 lbs	4 oz
170 g	3/8 lbs	6 oz
225 g	1/2 lbs	8 oz
454 g	1 livre	16 oz

Chaleur du four

Chaleur	°C	Thermostat	°F
Très doux	70 °C	Th. 2-3	150 °F
Doux	100 °C	Th. 3-4	200 °F
	120 °C	Th. 4	250 °F
Moyen	150 °C	Th. 5	300 °F
	180 °C	Th. 6	350 °F
Chaud	200 °C	Th. 6-7	400 °F
	230 °C	Th. 7-8	450 °F
Très chaud	260 °C	Th. 8-9	500 °F

Direction éditoriale : Barbara Sabatier
Édition : Mathilde Croizeau
Direction artistique : Laurent Quellet
Maquette : Mélissa Chalot
Préparation des textes et relecture : Armelle et Bernard Heron

N° d'édition : M13122
ISBN : 978 2 317 00708 8
Code MDS : 71403
Photogravure : Amalthéa
Achevé d'imprimer en juillet 2013 par Macrolibios en Espagne
Dépôt légal : août 2013
Édition N°1

Mango une marque de Fleurus Éditions
www.fleuruseditions.com